AF224658

COMMENT S'EST FORMÉ

LE

GÉNIE MILITAIRE

DE

NAPOLÉON Ier ?

RÉPONSE AU GÉNÉRAL PIERRON

Par X.

PARIS

LIBRAIRIE MILITAIRE DE L. BAUDOIN ET Cie

IMPRIMEURS-ÉDITEURS

30, Rue et Passage Dauphine, 30

—

1889

COMMENT S'EST FORMÉ

LE

GÉNIE MILITAIRE

DE

NAPOLÉON Ier ?

RÉPONSE AU GÉNÉRAL PIERRON

PARIS. — IMPRIMERIE L. BAUDOIN ET Cᵉ, RUE CHRISTINE, 2.

COMMENT S'EST FORMÉ

LE

GÉNIE MILITAIRE

DE

NAPOLÉON Iᵉʳ ?

RÉPONSE AU GÉNÉRAL PIERRON

Par X.

PARIS

LIBRAIRIE MILITAIRE DE L. BAUDOIN ET Cᵉ

IMPRIMEURS-ÉDITEURS

30, Rue et Passage Dauphine, 30

1889

COMMENT S'EST FORMÉ LE GÉNIE MILITAIRE
DE NAPOLÉON Ier?

RÉPONSE AU GÉNÉRAL PIERRON.

Dans sa brochure intitulée : *Comment s'est formé le génie militaire de Napoléon Ier ?*[1] M. le général Pierron formule l'assertion suivante : « *Le plan de la campagne d'Italie en 1796 a été emprunté par Napoléon au maréchal de Maillebois.* »

A l'appui de cette affirmation, il cite la lettre écrite, au commencement de mars 1796, par le général Calon, directeur du Dépôt de la Guerre, au Ministre, pour lui faire part du désir exprimé par le général Bonaparte d'avoir, pour son service à l'armée d'Italie, les documents ci-après :

1° Mémoires de Maillebois, avec l'atlas ;

2° Description du Piémont, 2 vol. in-folio ;

3° Histoire militaire du prince Eugène, 3 vol. in-folio ;

4° Campagnes de Vendôme ;

5° La carte du Piémont et de la Lombardie, etc.

Dans cette même lettre, le général Calon ajoute que les quatre premiers articles *manquent* au Dépôt, et il fait ressortir la dépense considérable que leur acquisition entraînerait.

Au bas, le Ministre de la Guerre met : « *accordé ce que le Dépôt pourra fournir.* »

D'où l'on peut conclure que, si Bonaparte a jamais eu entre les mains les Mémoires de Maillebois, ce n'est pas au moment de commencer la campagne de 1796, puisque, d'une part, on ne lui a accordé que ce que le Dépôt pouvait fournir, et que, d'autre part, les Mémoires de Maillebois manquaient à la collection du Dépôt.

---

[1] V. *Journal des Sciences militaires*, novembre 1888.

Le document cité prouve donc seulement que Bonaparte connaissait l'existence de ces Mémoires; il ne prouve pas qu'il les avait lus.

Après avoir cité cette lettre, l'auteur de la brochure ajoute : « Ainsi il est acquis que Napoléon, avant de prendre le commandement en chef de l'armée d'Italie, tenait à emporter avant tout, comme guide, les Mémoires de Maillebois. »

Napoléon a travaillé pendant toute sa vie. Il a étudié les campagnes de tous les grands capitaines des temps passés.

Avant d'entreprendre une opération militaire quelconque, il tenait à connaître à fond la géographie, la topographie et l'histoire militaire des régions dans lesquelles il allait opérer, et, quand tous les documents qu'il avait consultés ne lui fournissaient pas des renseignements suffisants, il les faisait compléter par des reconnaissances qu'il confiait souvent à des officiers du grade le plus élevé.

On comprend, dès lors, le prix qu'il attachait à l'étude des campagnes du maréchal de Maillebois en Italie, avant d'opérer lui-même dans ce pays; mais nous démontrerons sans peine, que s'il a pu s'inspirer des opérations de Maillebois, l'étude raisonnée qu'il en a faite lui a permis d'éviter les fautes commises pendant les campagnes de 1745 et de 1746, et que si, d'autre part, Bonaparte n'avait eu, comme guide, que les Mémoires de Maillebois, l'histoire n'aurait pas à enregistrer les étonnants succès de la campagne de 1796.

A la page 15 de sa brochure, 171 du *Journal des Sciences militaires*, l'auteur s'exprime ainsi : « Rien de plus curieux que d'étudier dans la correspondance de Napoléon Ier ...les premières conceptions du général Bonaparte en 1795 ; *il copie Maillebois;* il veut, comme lui, séparer les Piémontais des Autrichiens et faire le siège de Ceva... »

Ainsi, parce que Bonaparte voulait, en 1796, comme Maillebois en 1745, séparer les Piémontais des Autrichiens, on tire, comme conclusion forcée, que le premier n'a fait que *copier* le second, et l'on n'admettrait pas que ces deux hommes de guerre aient pu trouver à 50 ans de distance, la même solution à une situation qui présentait beaucoup d'analogie dans les deux cas.

Quand Bonaparte travaillait, en 1795, au bureau topographique du Comité du salut public pour la direction des armées, il est fort probable qu'il avait déjà pu mûrir son jugement sur les questions militaires par la lecture et l'étude de toutes les campagnes des grands capitaines de l'antiquité ét des temps modernes, et qu'il ne lui était pas nécessaire de *copier* Maillebois pour rédiger les instructions qui lui étaient demandées.

Nous n'insisterons pas davantage sur la valeur insuffisante des preuves données par l'auteur de la brochure à l'appui de ses affirmations, et nous admettrons que Bonaparte avait lu l'ouvrage de Maillebois avant l'ouverture de la campagne de 1796.

La situation en Italie, en 1745, n'était pas identique à celle de 1796.

Si, dans les deux cas, les Piémontais avaient pour alliés les Autrichiens, la situation militaire était bien différente.

Au début de la campagne de 1745, les armées piémontaise et autrichienne n'étaient pas réunies ; la première était en avant d'Alexandrie, la deuxième s'était rendue de Modène dans la vallée de la Scrivia vers Novi, et, de là, à Voltaggio sur la route de Gênes.

Le maréchal de Maillebois, parti de Menton, au commencement de juin, avec l'armée franco-espagnole, suit la route de la Corniche, franchit l'Apennin au-dessus de Finale, arrive à Carcare, dans la vallée de la Bormida, et s'empare d'Acqui, pendant qu'une autre armée espagnole, venue de Modène à Gênes sous le commandement du comte de Gages, franchit le col de la Bocchetta et repousse les Autrichiens de Voltaggio sur Tortone.

Les Piémontais se retirent sur la rive gauche du Tanaro où ils sont rejoints par les Autrichiens ; leur armée combinée vient occuper une forte position derrière le Tanaro, leur gauche appuyée au Pô, leur droite à hauteur du confluent de la Bormida, pendant que le maréchal de Maillebois et le comte de Gages opèrent leur jonction dans la plaine d'Alexandrie.

Le double mouvement des armées franco-espagnoles par les vallées de la Bormida à l'ouest, de la Scrivia à l'est, eut donc pour effet de *réunir* derrière le Tanaro les armées piémontaise et autrichienne qui étaient *séparées* au début.

Le plan conçu par le maréchal de Maillebois d'accabler le roi de Sardaigne et de séparer les Piémontais de la cause des Autrichiens n'avait donc pas réussi, sa manœuvre par la vallée de la Bormida et par celle du haut Tanaro (détachement du marquis de Mirepoix) n'ayant pas eu pour effet, ainsi qu'il l'espérait, d'attirer l'armée piémontaise de son côté (pages 15 et 17 de la brochure).

Examinons maintenant la position des armées belligérantes en 1796.

Les Autrichiens et les Piémontais sont réunis; leur armée combinée occupe Vollaggio par sa gauche; son centre est à Dego et Millesimo, la droite s'étend vers Coni.

L'armée française occupe Savone par sa droite, son centre est à Finale et Loano, sa gauche tient le haut Tanaro à Ormea, ainsi que les cols de Tende et de Fenestre.

Bonaparte ayant reçu du Directoire l'ordre de prendre l'offensive, le premier problème qu'il avait à résoudre consistait à déterminer le point de la ligne ennemie sur lequel il était le plus avantageux de prononcer son attaque. Il choisit le centre.

Les divers motifs qui lui ont fait préférer l'attaque centrale ont dû certainement s'appuyer d'abord sur des considérations militaires; l'intérêt politique qu'il y avait à séparer les Piémontais des Autrichiens a pu confirmer le général Bonaparte dans le choix du point d'attaque sur le centre ennemi, qui était en même temps le point de jonction des armées autrichienne et piémontaise; mais la question politique n'avait qu'un intérêt secondaire, l'essentiel était de battre d'abord l'armée ennemie, et des considérations purement militaires devaient à elles seules suffire pour entraîner la décision du général[1].

Bonaparte franchit le col de Cadibone, avec son centre, pendant qu'il dirige une partie de sa gauche d'Ormea sur Garessio et une partie de sa droite de Savone sur Voltri pour diviser l'attention de l'ennemi et le laisser dans l'incertitude sur le véritable point d'attaque.

Il force le centre ennemi à Montenotte, Millesimo, Dego, re-

---

[1] Ces divers points de vue sont très clairement exposés dans l'ouvrage du général Berthaut : *Principes de Stratégie*, IIIe partie, chap. 1er.

jette Beaulieu sur Acqui, Colli sur Ceva, sépare ainsi les Autrichiens des Piémontais, poursuit ces derniers à outrance et les met hors de cause.

Si Bonaparte s'est inspiré des idées de Maillebois dans la conception de ce premier plan d'opérations, il faut avouer que les résultats ont été bien différents dans les deux cas, et ce ne sont pas les manœuvres de 1745 qui ont pu servir de modèle aux opérations qui, en 1796, précédèrent l'armistice de Cherasco.

Par cet armistice, le roi de Piémont livre aux Français les places de Ceva, Coni, Alexandrie et Valence. Beaulieu ayant perdu l'appui des Piémontais passe sur la rive gauche du Pô et s'établit sur l'Agogna à l'est de Valence.

Bonaparte fait des démonstrations devant Beaulieu pour le retenir sur sa position, et, n'ayant aucun moyen de passer le fleuve avant Plaisance, il se porte rapidement sur cette ville où il surprend le passage. Il n'avait pu, malgré la rapidité de sa marche, dérober la connaissance de ses mouvements à Beaulieu, qui put s'échapper, après avoir été bousculé à Lodi.

C'est cette manœuvre habile et hardie qui, d'après M. le général Pierron, aurait été spécialement inspirée par les opérations de Maillebois, dans la même région, vers la fin de l'année 1745.

Le maréchal de Maillebois n'ayant pu atteindre le but qu'il s'était proposé : écraser le roi de Sardaigne ou le contraindre à une paix séparée, chasser les Autrichiens du Plaisantin, du Parmesan, du Milanais, etc., songeait, dès le mois de septembre, à prendre des quartiers d'hiver dans le Piémont[1].

La séparation des armées autrichienne et piémontaise et la prise d'Alexandrie lui étaient nécessaires pour atteindre ce résultat.

Pour obtenir cette séparation, il fait construire un pont sur le Pô, à la Stradella, envoie un détachement s'emparer de Plaisance, et n'ayant réussi qu'à moitié à inquiéter les Autrichiens sur la possession du Milanais, il se décide à tenter une diversion sur la rive gauche, en faisant passer à la Stradella un détachement qui s'empare de Pavie.

---

[1] Pezay, *Histoire des Campagnes de M. le maréchal de Maillebois*, citée par le général Pierron.

x.

Les Autrichiens passent sur la rive gauche du Pô, abandonnant à leurs propres forces les Piémontais qui ne peuvent s'opposer au passage du Tanaro par Maillebois. Cette dernière opération a pour conséquence la prise d'Alexandrie, de Valence, d'Asti et de Cazale par les Français.

Comparons les opérations des années 1745 et 1796 dans cette région.

Le maréchal de Maillebois ne pouvant quitter avec son armée les environs d'Alexandrie dont il fait le siège, en présence de l'ennemi posté sur le Tanaro, se borne à faire avec un détachement des démonstrations sur la rive gauche du Pô pour détacher les Autrichiens des Piémontais.

En 1796, Bonaparte, maître de toute la rive droite du Pô jusqu'à Tortone, porte rapidement son armée sur Plaisance pour pouvoir joindre et battre Beaulieu, après s'être emparé de ses communications sur la rive gauche du fleuve.

Ces deux opérations diffèrent essentiellement quant au but et quant aux moyens employés pour en poursuivre l'exécution.

La manœuvre de Maillebois n'est qu'une démonstration timide faite par un détachement pour diviser l'armée ennemie et détourner son attention sur le véritable point d'attaque. Celle de Bonaparte est exécutée par toute son armée ; c'est une manœuvre hardie, en même temps que logique et bien raisonnée ; elle doit, en cas de réussite, amener la conquête du Milanais. Elle met immédiatement en pleine lumière les procédés que va employer le général en chef pour conduire la guerre.

Nous voyons, en effet, Bonaparte faire revivre, en le développant, un système de guerre qui était tombé en oubli et qui consiste à prendre toujours pour objectif l'armée ennemie, à jeter sur elle toutes les forces dont on peut disposer en cherchant, en même temps, à atteindre et à combattre l'adversaire dans la position qui lui est la plus défavorable.

Ce système lui a valu ses brillants succès du début, et ce n'est certes pas dans la lecture des Mémoires de Maillebois qu'il a pu en trouver l'application.

Pour concevoir la guerre sous cet aspect, Napoléon a dû se livrer à des études approfondies sur les campagnes de tous les grands capitaines qui l'ont précédé. Il ne cesse de répéter dans ses Mémoires que pour conduire des opérations militaires il faut avoir longuement médité les campagnes d'Alexandre, d'Annibal, de César, de Turenne, du prince Eugène, de Frédéric : « Lisez et relisez l'histoire de leurs 88 campagnes; modelez-vous sur eux; c'est le seul moyen de devenir grand capitaine et de surprendre les secrets de l'art[1]. »

Avant d'entreprendre sa campagne d'Italie, Bonaparte demande au directeur du Dépôt de la guerre non seulement les Mémoires de Maillebois, mais aussi l'Histoire militaire du prince Eugène et les Campagnes de Vendôme.

Qui peut assurer que sa marche de flanc de Tortone sur Plaisance, en se couvrant du Pô, lui a été inspirée par la manœuvre de Maillebois plutôt que par la marche de flanc du prince Eugène de Savoie qui, en 1706, part de Trente, en longeant la rive gauche de l'Adige, traverse le bas Adige, le cours inférieur du Pô, remonte la rive droite de ce fleuve, par Modène et la Stradella, passe le Tanaro, après avoir fait sa jonction avec le duc de Savoie, traverse de nouveau le Pô à Binasco, en amont de Turin, et vient s'établir entre la Doria Riparia et la Stura, sur la ligne d'opérations de l'armée française ?

Avant de se porter de Tortone sur Plaisance, Bonaparte a dû étudier la situation militaire du moment et non celle de Maillebois en 1745. Il lui a fallu résoudre le problème qui se posait et choisir des trois solutions qui se présentaient (l'attaque sur la droite, sur le centre ou sur la gauche des Autrichiens) celle qui lui paraissait la plus avantageuse.

L'attaque sur l'aile gauche lui a semblé préférable parce qu'elle devait, en cas de réussite, lui procurer les plus grands avantages, et elle était possible parce que sa marche de flanc, couverte par un large fleuve, l'amenait rapidement, par une route libre, sur les communications des Autrichiens, tout en lui permettant de tourner les défenses de l'Agogna, du Terdoppio et du Tessin[2].

---

[1] *Mémoires de Napoléon*, 18° note sur l'ouvrage intitulé : *Considérations sur l'Art de la Guerre*.

[2] Général BERTHAUT, *Principes de Stratégie*, page 168. — *Correspondance de Napoléon*, tome I, lettre du 6 mai au Directoire.

Si Bonaparte avait disposé d'un pont à la Stradella, nul doute qu'il eût traversé le Pô en cet endroit, plutôt que d'aller chercher un passage jusqu'à Plaisance, car alors il eût eu plus de chances de ruiner Beaulieu pendant sa retraite.

L'auteur de la brochure aurait-il, dans ce cas, plus de raisons de prétendre que Bonaparte a *calqué* la manœuvre de Maillebois ? Non certes.

Et si l'on tient absolument à chercher dans la marche de flanc de Bonaparte une imitation des manœuvres similaires exécutées avant lui, on peut la trouver encore dans la marche exécutée en 1646 par Turenne qui, posté à Bacharach sur la rive gauche du Rhin, et ne pouvant joindre l'armée suédoise, en traversant le pays de Nassau occupé par l'ennemi, descendit le Rhin jusqu'à Wesel à 80 lieues plus bas, couvert dans sa marche par le fleuve, passa sur la rive droite et vint, par Lippstadt, rejoindre les Suédois à Giessen, dans la vallée de la Lahn.

Mais alors, si tout l'art de la guerre se bornait à imiter les manœuvres des généraux qui ont laissé un nom dans l'histoire, la qualité essentielle à rechercher chez un général en chef serait le don d'une grande mémoire lui permettant de retrouver, à point nommé, dans l'histoire des guerres passées, la solution qui paraîtrait le mieux se rapporter à la situation du moment !

Nous avons, des facultés militaires de Bonaparte, au début de 1796, une conception plus haute que celle qui le représente comme un copiste de Maillebois. Dès cette époque, il était préparé au rôle qu'il allait jouer, tant par ses qualités naturelles que par les longues et laborieuses études auxquelles il s'était livré depuis le commencement de sa carrière militaire.

Si précieuses que soient les qualités que donne la nature (le caractère, la fermeté, l'énergie et la ténacité), elles ne sont pas suffisantes.

« Il faut du coup d'œil, beaucoup de savoir et de décision,
« qualités qu'on ne peut acquérir que par l'étude de la guerre,
« par la méditation des campagnes des grands capitaines et par
« l'habitude de résoudre des problèmes de tactique et de stra-
« tégie [1]. »

---

[1] Général BERTHAUT, *Principes de Stratégie*, page 100. — *Correspondance militaire de Napoléon*.

« La connaissance des hautes parties de la guerre ne s'acquiert que par l'expérience et par l'étude de l'histoire des guerres et des batailles des grands capitaines [1]... »

Après la bataille de Lodi, Bonaparte entre à Milan, laisse reposer son armée pendant quelques jours et se dirige sur le Mincio. Il bat les débris de Beaulieu à Borghetto et se porte jusque sur l'Adige pour couvrir le siège de Mantoue.

Il paraît que cette idée de Bonaparte de porter son armée sur l'Adige n'est pas une inspiration qui lui est propre ; elle lui a été suggérée par le général Bourcet.

C'est l'auteur de la brochure qui le dit (page 25).

Il semble bien difficile à l'officier le plus intelligent, le plus érudit, le plus studieux, qui se serait imposé comme tâche de lire toute la correspondance de Napoléon, tous les ouvrages qui ont paru sur ses campagnes, toutes les relations des guerres antérieures, il semble bien difficile, disons-nous, de spécifier dans quel ouvrage Napoléon peut avoir puisé telle ou telle inspiration. Il faudrait pouvoir étudier, sur le vif, le travail d'éclosion qui germait dans ce puissant cerveau.

Napoléon lui-même ne s'en rendait peut-être pas compte.

Admettons néanmoins avec l'auteur que c'est Bourcet qui a enseigné au général Bonaparte l'importance de la ligne de l'Adige. On peut bien, cependant, admettre aussi que d'autres documents, tels que descriptions géographiques, topographiques, cartes, etc., y ont contribué dans une certaine mesure.

A la fin de juillet 1796, l'armée française occupait les positions suivantes :

La division Sauret, à Salo, interceptait la vallée de la Chiese ; Massena tenait le Monte-Baldo et la vallée de l'Adige, de la Corona à Bussolengo ; la division Despinoy gardait Vérone et l'Adige jusqu'à Legnano ; la division Augereau tenait le bas Adige ; Sérurier faisait le siège de Mantoue. L'effectif total était de 44,000 hommes.

Le maréchal Wurmser descend du Tyrol à la tête d'une armée

---

[1] *Mémoires de Napoléon*, 7ᵉ note sur l'ouvrage intitulé : *Considérations sur l'Art de la Guerre.*

de 70,000 hommes, divisée en 3 colonnes : la gauche (20,000 h.) se porte sur Vérone par la rive gauche de l'Adige ; le centre (30,000 h.) attaque l'avant-garde de Massena à la Corona ; la droite (20,000 h.) descend la vallée de la Chiese.

« Napoléon, dit le général Pierron, n'a plus pour le guider ni Maillebois ni Bourcet. Il est abandonné à lui-même pour la première fois.

« Quelle va être son attitude, son inspiration ?

« A-t-il eu une inspiration de génie ?

« Le témoignage des contemporains est unanime sur ce point : *il a été tout d'abord décontenancé*. Il n'a songé, au premier moment, qu'à battre en retraite. »

Il n'est pas exact de dire que Bonaparte n'a songé, au premier moment, qu'à battre en retraite.

Sa correspondance militaire imprimée donne un ordre d'attaquer l'ennemi à la Corona, ordre envoyé, le 29 juillet, au général Augereau, qui devait se porter de Legnano à Ronco, passer l'Adige, et, de là, par Villanova et Monte-Bello, attaquer la gauche autrichienne, qui s'était avancée sur Vérone (pièce 83 de la *Correspondance militaire*).

Des instructions étaient envoyées peu de temps après au général Sérurier (pièce 84), lui prescrivant de prendre des dispositions pour une retraite à prévoir, par mesure de précaution ; il était dit dans ces instructions que le général Augereau se rendait de *Legnano à Roverbella*.

Dans l'intervalle de l'envoi de ces deux ordres, la situation avait donc dû se modifier par les nouvelles reçues de Massena, qui n'avait pu garder Rivoli ; de Sauret, qui avait abandonné Salo pendant que la droite ennemie s'était emparée de Brescia.

On ne pouvait donc plus songer à prononcer une offensive en avant de Vérone, puisqu'il paraissait établi que l'ennemi avait dirigé ses plus grosses forces par la vallée de l'Adige. Il fallait courir au plus pressé, rétablir d'abord les communications avec Brescia et, pour cela, concentrer l'armée, en la portant tout entière contre la colonne de droite des Autrichiens.

Bonaparte envoie, en conséquence, au général Augereau un ordre de retraite sur *Roverbella*, en lui disant *d'y attendre de nouveaux ordres* (pièce 85 de la *Correspondance militaire*).

Au général Massena, il envoie le même jour (30 juillet, dans la nuit du 29 au 30) un ordre de retraite *derrière le Mincio*, où il doit rester jusqu'à *nouvel ordre*. Il l'informe en même temps que les divisions Despinoy et Sauret partent de Desenzano *pour repousser l'ennemi sur Salo* (pièce 86).

Au général Sérurier, il ordonna de prendre des dispositions pour lever le siège de Mantoue et pour envoyer des renforts au général Augereau (pièce 87).

Tous ces ordres sont envoyés du quartier général de Castelnovo, c'est-à-dire avant que Bonaparte n'ait vu le général Augereau, avec lequel il a une entrevue, le 31 juillet seulement, à Roverbella.

Toutes ces instruct****s sont rédigées dans un style qui ne trahit aucune pensée hésitante ; elles prévoient de nombreux détails d'exécution qui prouvent que, même dans ce moment critique, Bonaparte conservait toute sa présence d'esprit.

A l'appui de sa thèse, M. le général Pierron relève dans l'ordre de retraite sur Roverbella, envoyé au général Augereau, la phrase : *Voici la malheureuse position de l'armée*, qui contraste, en effet, avec le caractère impératif, confiant et ferme, qu'on retrouve d'habitude dans les ordres émanant de Napoléon. Mais on peut remarquer que Bonaparte reconnaissait à Augereau beaucoup de caractère, de courage, de fermeté (pièce 95 de la *Correspondance militaire*). Il devait faire connaître à ce général la situation exacte de l'armée, que ce dernier ignorait, et il savait d'avance que son courage n'en serait pas ébranlé.

L'auteur cite la relation que le général Augereau donne de son entrevue avec Bonaparte au quartier général de Roverbella, le 31 juillet.

Rien ne prouve l'exactitude des paroles qu'aurait prononcées Augereau, et l'on ne retrouve pas, dans ses paroles, la pensée de la belle manœuvre sur la ligne intérieure, formulée plus tard dans les instructions adressées à Massena en 1800.

Les ordres envoyés, après l'entrevue, au général Kilmaine et au général Massena (pièces 89 et 90) ne changent rien à la direction du mouvement dans lequel étaient déjà engagées les divisions de l'armée sur Lonato et Montechiaro, contre la colonne de droite des Autrichiens, dans le but de leur reprendre Brescia.

Et ce qui permet de révoquer en doute les paroles que s'attribue Augereau, qui aurait refusé de battre en retraite, c'est que dans ces mêmes instructions, pour la reprise de Montechiaro et de Brescia, Bonaparte prévoit, en cas d'insuccès, la retraite sur Pizzighitone et Cremone.

Il n'était guère possible, d'ailleurs, de faire autrement : si l'on voulait battre la colonne de droite des Autrichiens, il fallait bien battre en retraite devant Wurmser, en le contenant, et prévoir, en cas d'insuccès, une retraite possible par une autre route que celle de Brescia.

Tout le discours du général Augereau n'est pas un plan d'opérations ; ce sont des considérations sur les inconvénients inhérents à toute retraite, inconvénients que le général en chef connaissait aussi bien que lui.

Après sa défaite à Castiglione, Wurmser se retire sur Trente, où il reçoit un renfort de 20,000 hommes. Il forme le projet de se porter au secours de Mantoue par la vallée de la Brenta et le bas Adige, en laissant 25,000 hommes à la garde du Tyrol.

Bonaparte bat ce dernier corps à Roveredo et le refoule au delà de Lavis, puis il exécute cette belle et audacieuse manœuvre par les gorges de la Brenta, en s'engageant à la suite de Wurmser, qu'il bat à Bassano, en coupant ses communications avec le Frioul, et qu'il poursuit à outrance jusque sous les murs de Mantoue.

Cette opération, qui a été qualifiée de téméraire, mais qui avait été raisonnée, méditée et mûrie, eut une pleine réussite, grâce à la vigueur avec laquelle elle fut conduite. Bonaparte n'avait eu ni Maillebois ni Bourcet pour le guider dans cette circonstance.

L'armée française reprend ses positions sur l'Adige pour couvrir le blocus de Mantoue. Les victoires d'Arcole et de Rivoli rejettent dans le Frioul et dans le Tyrol la troisième armée que l'Autriche avait confiée à Alvinzi pour repousser les Français jusque sur la rive droite du Mincio.

En mars 1797, l'armée française reprend l'offensive, bat l'archiduc Charles au Tagliamento, au col de Tarvis, à Neumarkt, pendant que Joubert, obéissant aux instructions du général en chef, remonte l'Adige, rejette les Autrichiens au delà du Brenner et vient rejoindre l'armée à Villach, par la vallée de la Drave.

Toutes ces brillantes manœuvres n'ont pu être inspirées à Bonaparte ni par Maillebois, ni par Bourcet, ni par Augereau qui n'a pas participé aux dernières opérations de la campagne.

M. le général Pierron résume son opinion dans les lignes suivantes :

« J'ai toujours pensé, après avoir lu l'ouvrage de Pezay, que Napoléon avait puisé dans l'étude de la campagne de Maillebois en 1746, l'idée lumineuse qui le portait à agir de suite sur la ligne de retraite de l'adversaire pour le forcer à évacuer une position retranchée...

« J'ai dit plus haut que Napoléon s'était inspiré des idées du maréchal de Maillebois (ou plutôt de son fils) pour la défensive stratégique, notamment pour le discernement dans le choix des positions de flanc. Pour en donner une preuve irréfutable, je copie ci-dessous le Mémoire rédigé par le comte de Maillebois (fils du maréchal et son chef d'état-major) pour la défense de la Provence contre une invasion italienne, etc... »

Si Napoléon avait puisé tant d'enseignements dans l'ouvrage de Pezay, on se demande ce qu'ont bien pu lui apprendre les campagnes des grands capitaines dont il ne cesse de recommander l'étude aux militaires.

Il est plus intéressant de rechercher ce que pensait Napoléon lui-même des théoriciens qui prétendent trouver, dans un dispositif unique, un procédé infaillible pour résoudre le problème qui se pose dans une situation de guerre donnée.

L'auteur de l'ouvrage intitulé : *Considérations sur l'Art de la Guerre*, le général Rogniat, s'exprime ainsi dans une de ses conclusions :

« Une armée défensive, au lieu de s'opposer de front à la marche de l'agresseur, doit se placer sur ses flancs, prête à couper sa ligne d'opérations s'il la laisse sur ses derrières pour pénétrer dans l'intérieur, ou à se réfugier dans le camp retranché de la place la plus voisine, s'il marche avec elle. »

Napoléon répond à ce paragraphe :

« Alexandre, Annibal, César, Gustave-Adolphe, Turenne, le prince Eugène, le grand Frédéric seraient fort embarrassés de se décider sur cette question, problème de géométrie transcendante, qui a un grand nombre de solutions. Un novice seul peut la croire simple et facile. Euler, Lagrange, Laplace passeraient bien des nuits avant de la mettre en équation et avant d'en dégager les inconnues. »

Nous ne pensons pas, comme le général Pierron, que Napoléon a succombé, en 1813 et 1814, devant un système de guerre nouveau : celui des grandes masses d'armées considérables, partant d'un demi-cercle concave et convergeant sur le noyau central où se tenait l'Empereur.

Le système des *navettes successives* sur la ligne intérieure n'a été impuissant en 1814 qu'en raison de la disproportion trop considérable des forces en présence; mais ce n'est pas l'expérience des guerres de 1866 et de 1870 qui peut le condamner, puisque c'est précisément pour ne pas l'avoir employé que les Autrichiens et les Français ont été battus, en restant immobiles sur leurs positions pour y attendre le choc simultané des masses ennemies.

Sans doute, il est plus difficile à une grosse armée qu'à une petite de manœuvrer rapidement sur la ligne intérieure, comme Bonaparte le fit souvent en 1796.

Une grosse armée est lourde à manier; ses mouvements sont lents, et elle ne pourra manœuvrer qu'à la condition d'avoir l'espace devant elle, et de nombreuses voies de communication à sa disposition, pour pouvoir battre successivement des armées ennemies encore éloignées les unes des autres et dans l'impossibilité de se soutenir.

Si, en 1870, Napoléon avait commandé l'armée française, il est probable qu'il eût trouvé les moyens de battre avec le gros de ses forces la IIIᵉ armée allemande, tout en contenant, par des détachements sur la Sarre, les Iʳᵉ et IIᵉ armées, contre lesquelles il se serait porté après avoir rejeté la IIIᵉ armée dans le Palatinat.

Les grosses masses que mettent sur pied les nations modernes sont transportées avec une telle rapidité et une telle ponctualité, sur la frontière menacée, qu'un premier choc direct est le résultat inévitable de la concentration des armées adverses, rassemblées à une faible distance l'une de l'autre sur la frontière commune.

La disposition des troupes, leur valeur morale, leur instruction, leur outillage de guerre auront une influence prépondérante sur le résultat de ce premier choc.

Mais après?

Ces grosses masses ne peuvent rester longtemps groupées ; il leur faut de l'air, de l'espace, pour se mouvoir, pour vivre, pour se reposer. Et c'est dans cette nécessité de se disjoindre qui s'impose au vainqueur lui-même, qu'un des deux adversaires peut trouver la faculté de diriger, par une manœuvre habile, le *gros* de ses forces sur une *portion* des masses ennemies, en contenant les autres fractions.

Ce genre d'opérations exige, il est vrai, l'espace nécessaire pour que les fractions contenues ne puissent venir en aide aux autres masses de l'ennemi avant leur défaite complète, et cet espace doit être d'autant plus grand, de nos jours, que la longue portée des armes fait sentir son influence à des distances inconnues précédemment et que n'atteint même pas la portée de la vue. Mais cela ne détruit pas la valeur des lignes intérieures et le succès n'en peut pas moins être obtenu par l'emploi de ces lignes, parce que ce système repose sur un principe fécond en résultats : la concentration du *gros* des forces sur une *fraction* des masses de l'ennemi.

La note inscrite au bas de la page 35 de la brochure, 191 du *Journal des Sciences militaires*, nous suggère des réflexions d'un autre ordre, dont le but est de redresser une fausse doctrine exposée par l'auteur.

Cette note est ainsi conçue :

« Le chef-d'œuvre des conceptions stratégiques du comte de Maillebois est l'opération par laquelle, après la perte de la bataille de Plaisance, quand les armées piémontaise et autrichienne allaient cerner l'armée franco-espagnole et l'enfermer entre la Stradella et Plaisance en coupant ses communications avec Gênes, il l'a dégagée de cette étreinte presque sans issue par un changement de ligne d'opérations, qui n'a de rival, comme conception de génie, dans l'histoire des guerres, que la marche de Bolivar en 1819 du Vénézuéla sur Santa-Fé, et celle de M. le général Sherman, en 1864, d'Atlanta vers la mer.

« Le comte de Maillebois fit passer l'armée franco-espagnole au nord du Pô, sur le territoire ennemi, où personne ne l'attendait après sa défaite, et la dirigea sur Pavie, prêt à prendre au besoin une nouvelle ligne de communication sur la France, par Vercelli et Ivrée. Le roi de Sardaigne, alarmé pour ses États, accourut de la Stradella vers Pavie, en s'éloignant de nouveau de l'armée autrichienne. Le comte de Maillebois, voyant la route de Gênes redevenue libre, fit repasser l'armée franco-espagnole au sud du Pô, en face de l'embouchure du Lambro, et, après avoir repoussé une attaque de l'armée autrichienne, en se couvrant du Tidone, il ramena l'armée gallispane sans encombre sur Tortone et Gavi.

« Napoléon, au moment de battre en retraite de Moscou, s'est rappelé cette belle manœuvre de Maillebois et a songé un instant à l'imiter, en se retirant par le nord; mais la saison et le défaut de vivres dans un pays stérile l'en ont empêché. »

Le comte de Maillebois était perdu si le roi de Sardaigne, au lieu de se porter vers Pavie pour protéger ses États, avait, de concert avec les Autrichiens, passé le Pô à la suite de l'armée franco-espagnole qui avait perdu sa ligne de communication.

Quand une armée veut changer sa ligne d'opérations ou de communication, elle doit le faire *avant d'abandonner* celle dont elle a encore la libre disposition, et la nouvelle ligne qu'elle choisit doit non seulement traverser un territoire qu'elle maîtrise, mais encore être couverte par l'armée elle-même.

C'est ainsi que Napoléon, en 1806, changea sa ligne d'opérations qui passait primitivement par Mayence, Francfort, Aschaffenburg, Wurtzbourg et Bamberg. Ne la jugeant pas suffisamment couverte par la manœuvre qu'il exécutait dans la vallée supérieure de la Saale et craignant de la voir coupée par les Prussiens qui avaient pris position sur son flanc gauche, il établit une nouvelle ligne de communication par Kronach, Bamberg, Nuremberg, Anspach, Elwangen, Ulm et Strasbourg, c'est-à-dire à travers une région dont il était maître.

Après la bataille d'Iéna, il prit encore une nouvelle ligne d'étapes par Mayence, Hanau, Fulde, Erfurth, qui était plus courte que la précédente et mieux couverte par l'armée contre des tentatives hostiles, possibles de la part de l'Autriche.

Mais en 1746, le comte de Maillebois avait perdu ses communications avec Gênes, et il ne pouvait considérer comme une nouvelle ligne d'opérations pour lui, la ligne passant par Vercelli et Ivrée qui n'étaient pas en son pouvoir; son passage du Pô avec l'intention de s'ouvrir un débouché sur la France par Vercelli et Ivrée était une opération désespérée qui ne pouvait pas être plus désastreuse pour lui que la perte de sa ligne de communication avec Gênes, et il ne nous est pas possible de la considérer comme une conception de génie.

Sa manœuvre a réussi, en ce sens qu'elle a dégagé la communication avec Gênes, que tenaient les Piémontais ; mais il n'a échappé à un désastre que par la faute de ses ennemis, qui n'ont pas compris les avantages que devait leur procurer leur jonction sur la ligne de retraite de l'armée franco-espagnole,

Si cette jonction s'était faite, le comte de Maillebois avait encore comme ressource de se frayer un chemin vers la France par Vercelli et Ivrée ; mais c'était une ressource suprême, d'un succès problématique, car le moindre obstacle qui aurait arrêté sa marche sur cette route aurait eu pour lui, avec l'armée austro-piémontaise en queue, les conséquences les plus funestes.

Napoléon avait eu la pensée, en 1812, de se retirer par le Nord ; mais il devait considérer cette opération comme un pis-aller, et il l'a jugée tellement dangereuse qu'il a préféré tenter les chances d'un coup de force, pour rouvrir ses communications avec Smolensk et Wilna.

Une manœuvre analogue à celle qu'a exécutée le comte de Maillebois en 1746 pouvait réussir au xviiie siècle, mais elle n'aurait plus aucun succès de nos jours.

Pendant les longues guerres du siècle dernier, les opérations ont eu souvent pour but de s'emparer d'une province pour y prendre des quartiers d'hiver ; l'armée adverse manœuvrait alors pour couvrir le pays menacé, parce que le passage ou le séjour des gens de guerre dans une région l'appauvrissait et la ruinait pour de longues années.

Dans ces conditions, il suffisait, la plupart du temps, pour débusquer l'ennemi d'une forte position, de menacer un pays riche et de donner, suivant l'expression consacrée, des *jalousies* pour une province.

Cette manœuvre a rempli son but en 1745, puisque le passage du Pô et la prise de Pavie par un détachement de l'armée franco-espagnole ont suffi pour amener la séparation des Autrichiens de l'armée piémontaise ; elle a encore rempli son but en 1746, puisque la simple menace d'une marche à travers les États du roi de Sardaigne, par une armée se trouvant dans une position critique, a suffi pour faire faire un faux mouvement aux Piémontais. Mais, à l'époque actuelle, cette manœuvre n'aurait aucune valeur, parce qu'elle n'amènerait aucun résultat.

On ne fait plus la guerre en se donnant comme premier but l'envahissement d'une province. On cherche d'abord la principale armée ennemie là où l'on pense la trouver ; si l'on triomphe de la résistance qu'elle oppose, on a toute liberté d'envahir les pays qu'elle couvre, et même de les garder ultérieurement comme gage ou comme rançon de la paix.

C'est cette pensée maîtresse qui caractérise spécialement le génie militaire de Napoléon. Il a compris, mieux que personne, que la guerre étant la lutte des forces organisées des nations, la vraie solution à rechercher était l'anéantissement des armées de l'adversaire, et, dès ses premières campagnes, il a pris pour objectif l'armée ennemie.

Ce but principal étant nettement mis en relief, la difficulté consiste à entamer l'adversaire dans une position qui lui soit désavantageuse, afin d'arriver à désorganiser ses forces avec la moindre somme d'efforts et de sacrifices.

C'est pour ce motif que Napoléon cherchait le plus souvent à atteindre l'armée ennemie au moment où il était arrivé sur son flanc ou sur sa ligne de retraite.

Une position de flanc est avantageuse à tenir dans la défensive, mais à la condition expresse, pour l'armée occupante, de ne pas s'y immobiliser ; la position de flanc n'est qu'une menace pour les lignes de communication de l'adversaire ; pour lui donner toute sa valeur, il faut transformer cette menace en actes. L'armée défensive doit donc quitter cette position et attaquer l'ennemi en marche avant qu'il ait eu le temps de changer la direction de ses colonnes et de les déployer sur le nouveau front.

Une condition de même nature est à remplir dans l'offensive, c'est-à-dire qu'il ne suffit pas de tourner les communications de l'adversaire ou de se placer sur son flanc ; il faut l'*atteindre au moment* où ses communications sont menacées, car si les distances, ou tout autre motif, retardent le moment de la rencontre, on risque de compromettre la sûreté de sa propre ligne d'opérations, et l'on peut être soi-même tourné par l'ennemi, avant de lui avoir fait subir le moindre dommage matériel.

Les conditions que doit remplir la manœuvre tournante étant ainsi réalisées, si la rencontre de la fraction ennemie atteinte se fait avec le gros des forces dont on dispose, les plus grands succès peuvent s'ensuivre, car alors l'effet moral produit sur l'ennemi s'augmente de tout le poids qu'apporte, dans la balance du sort, la supériorité numérique.

La réussite de ces opérations dépend donc d'un calcul dont le temps, les distances, les vitesses forment les principaux éléments, mais dans lequel entrent encore d'autres facteurs, nombreux et souvent indéterminés, tels que le terrain, la température, la fatigue, l'état moral des troupes, le caractère des chefs, les procédés de l'armée ennemie, etc.

C'est dans la solution de ce difficile problème que Bonaparte, dès l'année 1796, a montré une supériorité qui n'a jamais été égalée.

Ces facultés de premier ordre, il n'a pu les puiser dans la lecture de l'ouvrage de Pezay. Nous nous croyons donc autorisé à dire que ni les campagnes de Maillebois, ni le manuscrit de Bourcet n'ont suffi, à eux seuls, à former le génie militaire de Napoléon. Ce génie, que de vastes études avaient préparé depuis longtemps, et bien avant 1796, à raisonner la cause des succès et des revers mentionnés par l'histoire de toutes les guerres antérieures, s'est développé peu à peu par l'expérience, par la pratique du commandement et par la conduite des opérations militaires.

Nous nous trouvons ainsi dans un meilleur accord avec les conclusions de la brochure.

« J'ai voulu montrer seulement, dit M. le général Pierron, qu'il n'y a point de génie inné ; que le génie se développe successivement, comme toute œuvre de la création, qu'il ne peut éclore qu'à la suite d'études opiniâtres... »

Nous formulerons la même proposition dans des termes un peu différents, et à la question posée par l'auteur, en tête de sa brochure :

Comment s'est formé le génie militaire de Napoléon Ier ?

Nous répondrons :

Il s'est formé par des études approfondies sur toutes les questions militaires, sur l'histoire des campagnes de tous les grands capitaines. Il s'est formé par un travail opiniâtre, mis au service d'une vaste intelligence, aidée elle-même par une mémoire prodigieuse et par une puissance merveilleuse dans le jugement.

Paris. — Imprimerie L. Baudoin et Cⁱᵉ, 2, rue Christine.

PARIS. — IMPRIMERIE L. BAUDOIN ET Cⁱᵉ, 2, RUE CHRISTINE.